Evidence Editions

Cahier de dédicaces

À personnaliser

Couverture : **Chloé S.**

CAHIER
de
Dédicaces

★★★

À personnaliser !

Momento

Nom : . . . . Prénom : . . . .

Adresse : . . . .

. . . .

Téléphone : . . . . Mobile : . . . .

Mail : . . . .

MA PHOTO

LA DÉDICACE

PHOTO

LA DÉDICACE

Ma photo

Dédicace

PHOTO

DEDICACES

MA PHOTO

“LA DÉDICACE”

PHOTO

La dédicace

MA PHOTO

LA DÉDICACE

PHOTO

LA DÉDICACE

Ma photo

Dédicace

PHOTO

DEDICACES

MA PHOTO

"LA DÉDICACE"

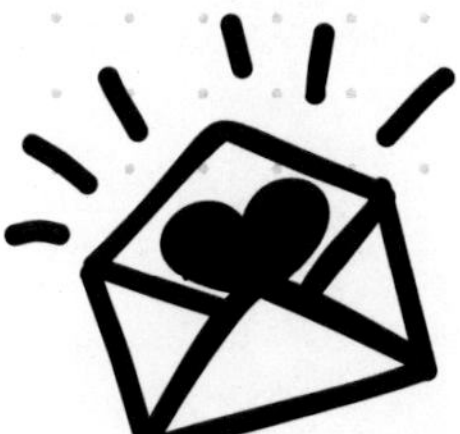

PHOTO

La dédicace

MA PHOTO

LA DÉDICACE

PHOTO

LA DÉDICACE

Ma photo

Dédicace

PHOTO

DEDICACES

MA PHOTO

“LA DÉDICACE”

PHOTO

LA DÉDICACE

MA PHOTO

LA DÉDICACE

PHOTO

La dédicace

Ma photo

Dédicace

PHOTO

DEDICACES

MA PHOTO

“LA DÉDICACE”

PHOTO

LA DÉDICACE

MA PHOTO

LA DÉDICACE

PHOTO

LA DÉDICACE

Ma photo

Dédicace

PHOTO

DEDICACES

PHOTO

LA DÉDICACE

MA PHOTO

LA DÉDICACE

PHOTO

LA DÉDICACE

Ma photo

Dédicace

PHOTO

DEDICACES

PHOTO

La dédicace

MA PHOTO

LA DÉDICACE

PHOTO

LA DÉDICACE

Ma photo

Dédicace

PHOTO

DEDICACES

PHOTO

La dédicace

MA PHOTO

LA DÉDICACE

PHOTO

LA DÉDICACE

Ma photo

Dédicace

PHOTO

DEDICACES

PHOTO

La dédicace

Mentions légales

ISBN : 979-10-348-1736-8

Evidence Editions
2 rue Abbé Grégoire
17 000 La Rochelle

Site Internet : www.evidence-editions.com
Boutique : www.evidence-boutique.com

Dépôt légal octobre 2020

Achevé d'imprimer chez SoBook le 09-10-2020

Linselles - France

N° impression : 652 002